Hermann Krekeler · Anne Wendt

Was kleine Kinder wissen wollen

Kinder fragen, Kinder antworten

Mit Bildern von Dagmar Stam

Loewe

Dieses Buch ist auf chlorfrei gebleichtem Papier gedruckt.

Die Deutsche Bibliothek – CIP Einheitsaufnahme

Was kleine Kinder wissen wollen:
[Kinder fragen, Kinder antworten] / Hermann Krekeler ;
Anne Wendt.
Mit Bildern von Dagmar Stam. -
1. Aufl. - Bindlach : Loewe, 1998
ISBN 3-7855-3186-9

ISBN 3-7855-3186-9 – 1. Auflage 1998

Lizensausgabe für Loewe Verlag GmbH, Bindlach
Umschlagillustration: Dagmar Stam
Umschlaggestaltung: Karin Roder
Gesamtherstellung: L.E.G.O. S.P.A., Vicenza
Printed in Italy

Liebe Kinder, liebe Eltern!

In diesem Buch kommen vor allem Kinder zu Wort. Erwachsene haben ihnen zugehört und ihre Gedanken aufgeschrieben. Es sind Antworten auf allerlei kleine und große Fragen, wie sie Kinder im Vorschulalter beschäftigen.
Wo ist der Wind, wenn er nicht weht?
Wie kommt das Küken in das Ei?
Gibt es Schutzengel wirklich?
Manchmal suchen Kinder gar nicht die perfekte Antwort auf ihre Fragen. Sie wollen nicht belehrt werden, sondern sie suchen den Gedankenaustausch mit anderen. Wer sich auf solche Gespräche einlässt, wird viel Freude dabei haben. Und so ist auch dieses Buch gedacht: als Anregung gemeinsam zu überlegen, wie etwas sein könnte.

Bei einigen Kinder-Antworten muss man schmunzeln oder lachen. Andere geben einen lebendigen Einblick, wie kleine Kinder denken und sich die Welt erklären. Und meist sind in der Runde auch Mädchen oder Jungen dabei, die sich mit der Sache schon fast so gut auskennen wie die Erwachsenen. Die eher fantasievollen Erklärungen der anderen Kinder sind dennoch nicht falsch, sie entspringen eben einer anderen Sichtweise.

Kinder lernen aber nicht nur durch Gespräche. Vor allem lernen sie durch Handeln. Deshalb finden sich zu jedem Thema Vorschläge zum Basteln und Ausprobieren oder für gemeinsame Spiele.

Wie kommt Omas Stimme ins Telefon?

»Das weiß ich nicht. Wenn Oma anruft, kann sie mich sehen. Vielleicht sitzt sie ja im Hörer drin.«

»Oma redet durch die Löcher und das Kabel vom Telefon.«

»Oma ist bei sich zu Hause. Sie spricht in den Hörer rein und das wird mit dem Strom durch die Leitung geschoben.«

Büchsentelefon:

Bohre in den Boden von zwei Büchsen je ein kleines Loch. Fädele eine lange Schnur hindurch und verknote die Enden wie auf der Zeichnung. Wenn die Schnur straff gespannt ist, kann man die Dosen als Telefon benutzen.

Wo ist der Wind, wenn er nicht

»Der Wind ist in den Wolken, dort wohnen alle Himmelswesen und die pusten auf die Erde herunter.«

»Der ist bei sich zu Hause, oben im Himmel, wie soll er sonst auf die Erde herunterblasen?«

»Genau, der ist in den Wolken und wartet, bis er wieder dran ist.«

»Ich glaube, das ist so: Wenn sich die Luft ganz schnell bewegt, dann gibt es viel Wind.«

weht?

Pustespaß

Ihr braucht ein paar leichte Daunenfedern und einen Ring, der von der Decke herunterhängt. Alle Mitspieler versuchen eine der Daunenfedern durch den Ring zu pusten.

Tut es der Blume weh, wenn man ihr ein Blatt abreißt?

»Nein, die Blume ist doch kein Mensch, die bekommt immer wieder neue Blätter.«

»Aber die Blume lebt ja auch, wenn sie noch nicht vertrocknet ist.«

»Das Blatt ist für die Blume so etwas wie ein Finger oder ein Haar und es ziept, wenn man es ausreißt.«

»Aber manchmal schneidet der Gärtner Blätter und Zweige weg, damit die Pflanze besser wachsen kann.«

Minigarten in der Pappkiste

Lege eine Pappkiste mit Plastikfolie aus und fülle Blumenerde hinein. Jetzt kannst du dort Rasen sähen und Minibäume pflanzen. Mit Kieselsteinen kannst du kleine Wege anlegen. Wenn der Rasen hoch gewachsen ist, darfst du ihn mit der Schere beschneiden.

Können Katzen lachen?

»Ja klar, die lachen, wenn ein Mensch etwas Witziges macht.«

»Die können nicht richtig lachen, weil sie keine Stimme haben wie wir. Nur ein bisschen grinsen, die verziehen nur das Gesicht.«

»Doch, die können lachen, aber in ihrer Sprache.
Bei unserer Katze weiß ich genau, wenn sie sich freut. Wenn sie etwas essen will, leckt sie sich das Maul und wenn sie etwas nicht mag, dann faucht sie.«

»Ich habe Hunger«

»Ich möchte gestreichelt werden«

»Lass mich in Ruhe«

Was macht eine Katze, wenn ...?

Schneidet euch neun Kärtchen zurecht und schreibt oder zeichnet darauf die Begriffe: Maus, Hund, Vogel, Sonne, Milch, Hand (Streicheln), Regen, Wollknäuel, Kater.

Die Kärtchen kommen in einen Hut. Ein Kind zieht eine Karte und versucht darzustellen, was eine Katze bei diesem Begriff tut. Die anderen müssen raten, welcher Begriff gemeint ist.

Wer malt den Regenbogen an den Himmel?

Regenbogen, zeige dich!

Schneide von einer Filtertüte einen breiten Streifen ab. An seinen linken Rand malst du mit wasserlöslichen Filzstiften ganz dicke Punkte in den Farben des Regenbogens: Rot, Orange, Gelb, Grün, Blau, Violett. Halte den Streifen kurz ins Wasser und beobachte, was passiert.

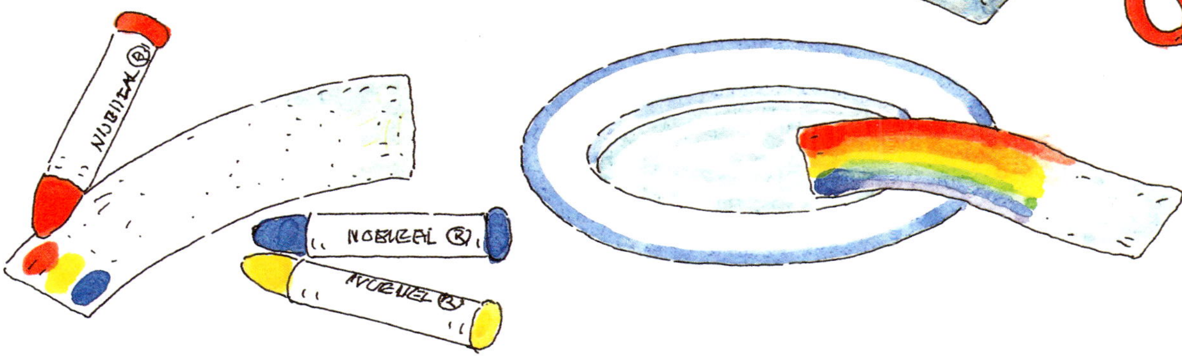

»Den Regenbogen malen die Regenbogenkinder. Die wohnen im Himmel.«

»Ein Regenbogen kommt, wenn es regnet und gleichzeitig die Sonne scheint.«

»Ich glaube, Gott malt den Regenbogen mit seinen Händen.«

»Meine Mutter hat mir gezeigt, wie man einen Regenbogen selber machen kann. Man nimmt einen Gartenschlauch, mit dem man ganz fein sprühen kann. Wenn man mit dem Rücken zur Sonne steht und dann auf den Sprühnebel guckt, sieht man einen Regenbogen.«

Können Fische ertrinken?

»Nein, Fische können nicht ertrinken, weil sie beim Schwimmen Mund und Augen zumachen.«

»Sie können nicht ertrinken, weil sie sich auf dem Meeresboden ausruhen, wenn sie nicht mehr schwimmen können.«

»Meine Mutter sagt, Fische atmen unter Wasser. Im Wasser ist immer ein bisschen Luft. Die kann man nicht sehen, aber die Fische atmen die ein. Wir haben in unserem Aquarium deshalb ein Gerät, das immer Luftblasen macht. Etwas Luft davon bleibt im Wasser. Die können die Fische einatmen.«

Schwimmen oder Tauchen?

Mit dem Brotmesser schneidest du eine Scheibe aus einem Sektkorken und malst sie als Fisch an. Unten hinein drehst du eine Schraube als Gewicht. Versuche mit Muttern den Fisch so schwer zu machen, dass er in einem Gefäß mit Wasser schwebt. Was passiert, wenn du etwas Sprudel ins Wasser gibst?

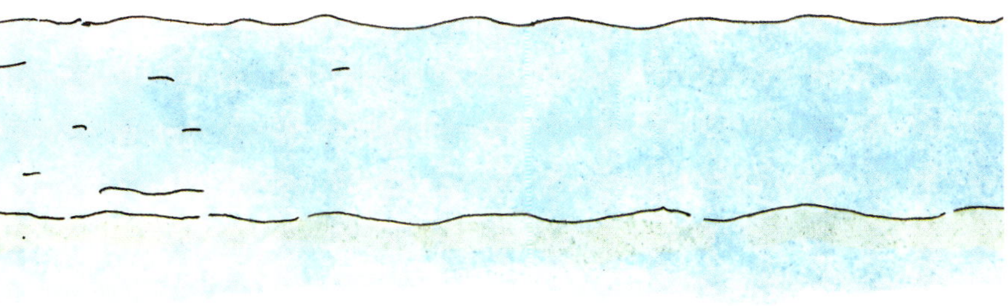

Warum stechen die Wespen?

»Ich hab gehört, die Wespen stechen, damit sie Kinder kriegen.«

»Nein, die Wespen mögen Süßes und sie beißen die Menschen, weil die immer Süßigkeiten, Bonbons und Schokolade essen.«

»Ja, wenn jemand etwas Süßes am Mund hat, dann kommen die Wespen und wollen sich das holen.«

»Ja, aber sie stechen nur, wenn man sie ärgert, um sich zu wehren.«

Nicht bewegen!

Wer ganz ruhig bleibt und sich nicht bewegt, dem tut keine Wespe etwas. So wie bei diesem Spiel. Ein Kind kitzelt mit einer Feder oder einem Grashalm einen Mitspieler. Wenn dieser lacht oder zappelt, darf er gezwickt werden. Natürlich nur ganz sanft.

Woher hat der Osterhase seine Eier?

»Ich weiß es. Die kommen angemalt aus seinem Po.«

»Nein, ich glaube, die kommen von den Hühnern und der Osterhase malt sie an.«

»Die hat er im Supermarkt gekauft, weil – mein Vater ist nämlich der Osterhase.«

»Meine Schwester sagt, der Osterhase klaut die Eier aus dem Hühnernest.«

»Ich glaube, die kommen von einer ganz besonderen Henne. Die kann Eier legen mit Mustern drauf.«

Und was meinst du?

Der Osterhase klaut Eier

Macht euch fünf Nester aus Osterwolle. Füllt sie jeweils mit drei bis sechs unterschiedlich farbigen Schokoeiern. Einer deckt die Nester mit einem Tuch zu und nimmt einige Eier heraus. Niemand darf sehen, welche. Das Tuch wird weggenommen.

Wer kann sagen, welche Eier der Osterhase geklaut hat?

Wie kommt das

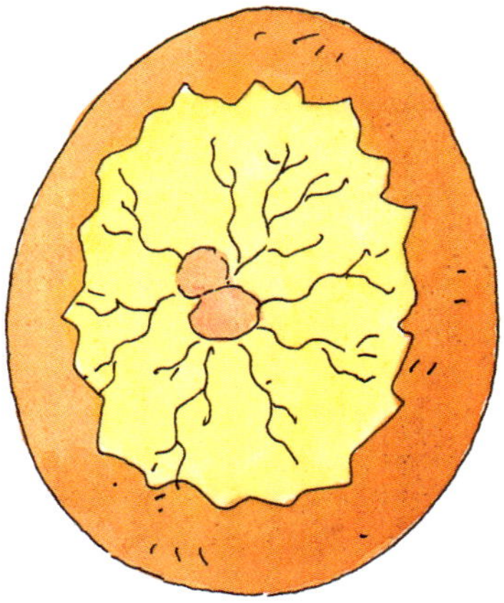

Befruchtetes Ei

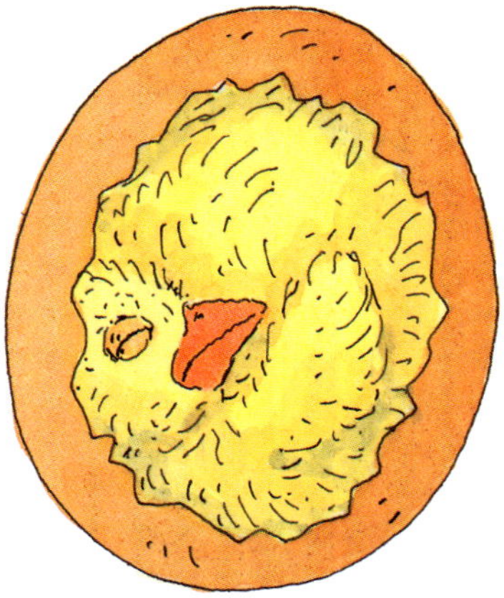

Küken im Ei

Schlüpfendes Küken

»Ganz einfach: Das Küken geht im Hühnerbauch in das Ei. Dann legt das Huhn das Ei und das Küken schlüpft aus.«

»Ich glaube, das Huhn hat in seinem Bauch kleine Schalenteilchen, wie beim Puzzle, die sammeln sich um das Küken herum und werden verklebt.«

Küken in das Ei?

»Unser Lehrer sagt: Damit aus dem Ei ein Küken wird, muss das Ei befruchtet sein. Das macht der Hahn, wenn das Ei noch im Bauch ist. Um das Ei bildet sich dann eine Kalkschale. Das Küken wächst aber erst heran, wenn die Henne das Ei gelegt hat und es ausbrütet.«

Wo steckt das Küken?

Mache dir aus Knetmasse (wie auf dem Bild): eine Keimscheibe, ein Küken im Ei, ein schlüpfendes Küken. Darüber stülpst du drei ausgelöffelte Frühstückseier. Deinen Mitspieler lässt du würfeln. Bei 1 und 2 muss er das Ei mit der Keimscheibe finden, bei 3 und 4 das Küken im Ei. Bei 5 und 6 das schlüpfende Küken. Vor dem nächsten Raten verschiebst und wechselst du natürlich die Eierschalen-Hüte.

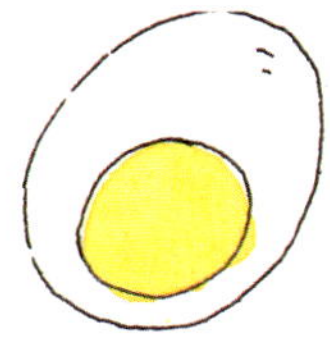

Wenn ich Flügel hätte, könnte

ich dann wie ein Vogel fliegen?

»Ja klar, wenn ich übe.«

»Ich würde einfach wie ein Vogel meine Arme bewegen und losfliegen.«

»Ich glaube, das geht nicht, das ist von Natur aus so, dass nur die Vögel fliegen können. Die Menschen haben nicht genug Schlagkraft in den Armen und sind zu schwer.«

»Doch, ein Mensch kann von einem Berg herunterfliegen, wenn er große Flügel hat und der Wind ihm hilft.«

Fledermausflügel

Falte einen großen Bogen Zeichenpapier in der Mitte und übertrage den Umriss des Flügels darauf. Schneide ihn aus, falte ihn auseinander und befestige ihn mit Nadel und Faden an einem Spielmännchen oder kleinem Stofftier. Das Flattertier wird nun mit einem Hutgummi an der Zimmerdecke aufgehängt. Wenn du es auf und ab bewegst, flattern die Flügel.

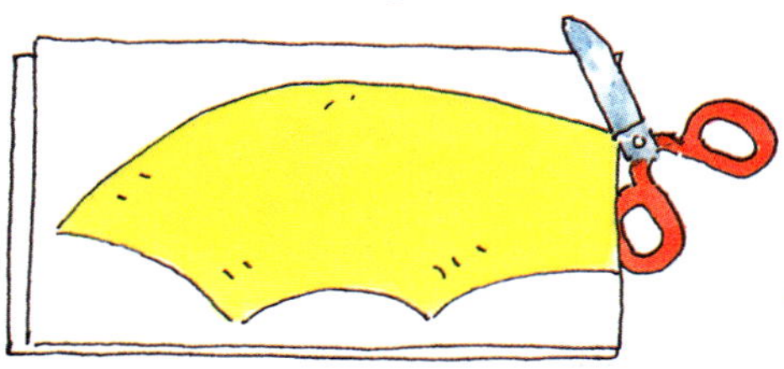

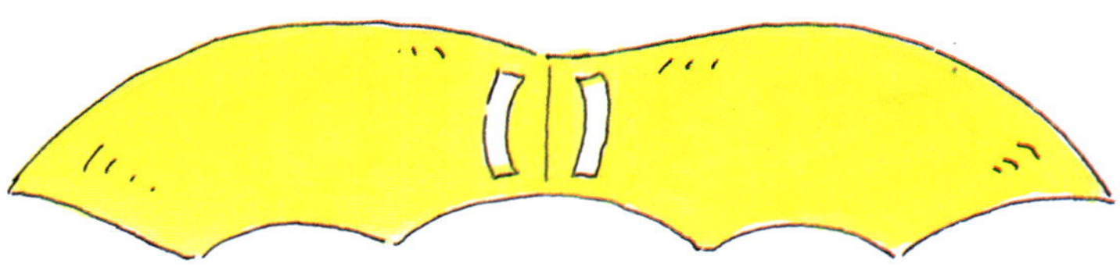

Woher kommt der Donner?

»Weil es regnen soll, deshalb stoßen die Wolken zusammen.«

»Wenn die Sonne weg ist, stoßen die Wolken zusammen und weil sie so hart sind, donnert es.«

»Da gibt es diesen Gott mit unsichtbaren Händen. Der nimmt in die eine Hand eine weiße Wolke und in die andere Hand eine schwarze. Wenn er die Wolken zusammenschlägt, donnert es.«

»Papa sagt: Der Blitz macht den Donner. Da, wo der Donner langgeht, wird die Luft auseinander gerissen. Und das gibt einen Knall, wie wenn ein Luftballon zerplatzt.«

Theaterdonner

Echtes Donnergrollen kann man mit einem großen Blech, einer dicken Plastikfolie oder einem festen Karton machen. So wurden früher im Theater Gewittergeräusche gemacht.

Warum soll man keine

»Man soll keine bösen Wörter sagen, weil das die Eltern nicht mögen. Weil das Straßenwörter sind.«

»Weil das Gott nicht gefällt.«

»Weil das schlecht ist für den, der sie gesagt bekommt und für den, der sie sagt.«

»Wenn einer zu mir was Schlimmes sagt, bin ich traurig oder ich werde wütend und verkloppe ihn.«

»Man soll keine bösen Wörter sagen, weil: Was man sagt, das ist man selber.«

bösen Wörter sagen?

Schimpfwörter wegschicken

Wenn das nächste Mal jemand zu dir ein Schimpfwort sagt, dann lass es dir auf ein Blatt Papier schreiben. Aus dem Papier faltest du ein Schiffchen und schickst es fort. Wenn kein Bach bei euch in der Nähe ist, schreibe das Wort auf Klopapier und spül es herunter.

Warum sehen die Menschen verschieden aus?

Keine zwei Menschen auf der ganzen Welt haben die gleichen Fingerabdrücke.

»Weil Gott es so gemacht hat, damit man die Menschen unterscheiden kann.«

»Außerdem weiß man sonst nicht, welches Kind zu welcher Mutter gehört.«

»Weil jeder Mensch eine andere Haut hat, eine andere Frisur und eine andere Nase. Meine Nase sieht zum Beispiel aus wie die von meinem Papa.«

»Wenn die Menschen alle gleich aussehen würden, wäre es langweilig.«

Welche Bilder gehören zusammen?

Von jedem Mitglied eurer Familie brauchst du vier Fotos. Zwei gleiche von früher, zwei gleiche von heute. Klebe die Bilder auf gleich große Pappen. Die Bilder werden verdeckt auf den Tisch gelegt. Wer findet zwei gleiche Fotos? Ein altes und ein neues Foto von Mama? Alle vier Fotos von Papa?

Kann mich das Baby in Mamas

Bauch hören?

»Kann es nicht. Ich habe ja auch nichts gehört, als ich in Mamas Bauch war.«

»Ich weiß das nicht. Die Körperteile wachsen ja nacheinander und vielleicht hat es noch keine Ohren.«

»Ich glaube, das Baby kann nichts hören, weil es schläft und weil es in der Fruchtblase ist.«

»Doch. Das Baby hört die Stimme durch den Bauch hindurch. Ich kann ja auch hören, wenn es in Mamas Bauch rumpelt.«

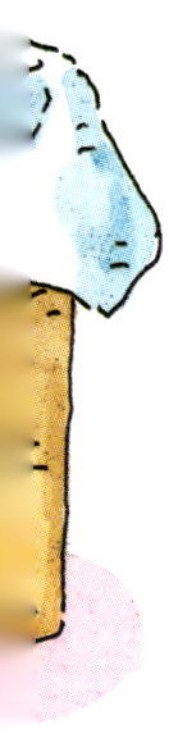

Was hörst du?

Ihr braucht einen großen Pappkarton, eine Wolldecke und einige Instrumente oder Geräuschmacher. Ein Kind krabbelt in den Karton und deckt sich mit der Wolldecke zu. Die anderen machen verschiedene Laute oder Geräusche. Das Kind im Karton muss raten, wer oder was das war. Dann wird gewechselt. Das Kind im Karton macht ein Geräusch und die anderen raten.

Was passiert, wenn man tot ist?

»Wenn man tot ist, wird man beerdigt in einem Grab und auf das Grab werden Blumen gepflanzt.«

»Wenn man tot ist, kann man nichts mehr machen, man kann nicht sehen, nicht reden, nicht träumen. Wenn ich tot bin, werde ich vielleicht ein Baum, aber bestimmt werde ich weiterleben.«

»Wenn ein lieber Mensch gestorben ist, steigt seine Seele zum Himmel. Dort ist Gott und dort trifft er seine Verwandten, die vor ihm gestorben sind. Die Seelen der Menschen sind leicht, deshalb schweben sie. Die Körper werden auf dem Friedhof begraben.«

Blumen fürs Grab

Leben deine Großeltern noch? Oder ist ein Opa oder eine Oma von dir schon gestorben? Weißt du, wo das Grab ist? Vielleicht magst du dort Blumen pflanzen, die dir gefallen oder dem Verstorbenen gefallen hätten. Suche Blumen aus, die jedes Jahr wiederkommen, wie Krokusse, Maiglöckchen oder Veilchen.

Können Bäume glücklich sein?

»Ja, die Bäume sind glücklich, wenn sie bei heißem Wetter genug Wasser kriegen, wenn ihnen die Blätter nicht ausfallen und wenn sie nicht abgesägt werden.«

»Die Bäume sind am liebsten im Wald. Wenn sie ganz allein im Dorf stehen, dann sind sie einsam.«

»Die Bäume sind glücklich, wenn man ihre Früchte isst und wenn Vögel auf dem Baum ihre Nester bauen.«

Rubbel-Bilder

Für diese Bilder brauchst du nur Papier und dicke Buntstifte. Lege ein Blatt auf den Stamm eines Baumes mit glatter Rinde und streiche mit dem Stift gleichmäßig darüber. Genauso kannst du auch die Jahresringe eines gefällten Baumes durchrubbeln.

Woher kommt die Nacht?

Die Tag-Nacht-Schachtel

Schneide in den Deckel einer Schachtel ein großes Fenster und mach vorne ein Guckloch hinein. Auf ein längliches Stück Papier malst du die Tagesansicht von einigen Häusern. Die Fenster schneidest du heraus. In den Himmel stichst du Löcher, das werden die Sterne. Das Bild klebst du in die Schachtel, so wie du es auf der Zeichnung siehst. Auf die vordere Öffnung kommt noch ein Stück Transparentpapier. Wenn du jetzt den Sternenhimmel nach vorne umknickst, wird es Nacht. In den Fenstern siehst du Lichter brennen. Wenn du den Himmel langsam nach hinten klappst, beginnt die Morgendämmerung.

»Die Nacht kommt von Gott, damit die Menschen und Pflanzen schlafen und wachsen können.«

»Ich stell mir das so vor: Im Haus vom Mond gibt es einen Schalter. Wenn die Sonne den Schalter einschaltet, wird es Tag, wenn der Mond ihn ausschaltet, wird es Nacht.«

»Ich glaube, die Nacht kommt von der Mondgöttin, die ist zuständig für die Nacht. Ihre Untertanen sind die Sterne.«

»Die kommt aus einem fernen Land. Zum Beispiel Amerika. Wenn da Tag ist, zieht die Nacht zu uns. Und wenn in Amerika die Sonne untergeht, geht sie bei uns auf.«

Kann Mama meine Träume auc

»Ja, wenn Mama im gleichen Bett schläft wie ich, kann sie meine Träume sehen.«

»Nein, kann sie nicht. Weil sie ja nicht denselben Traum träumt. Die träumt ja selber.«

»Mama kann nicht in meinen Traum gucken, sie ist ja keine Wahrsagerin.«

»Keiner kann meine Täume sehen – außer der liebe Gott im Himmel. Es kann ja keiner in meinen Kopf hineinschauen.«

h sehen?

Ein Buch für die schönen Träume

Besorge dir ein Buch oder ein Heft mit einem schönen Umschlag und leeren Seiten. Das wird dein Traumtagebuch. Sammle darin Bilder, die du von deinen schönen Träumen gemalt hast, ein Foto, wie du schläfst, Einschlafgeschichten und Lieder.

Wenn man schlecht geträumt hat . . .

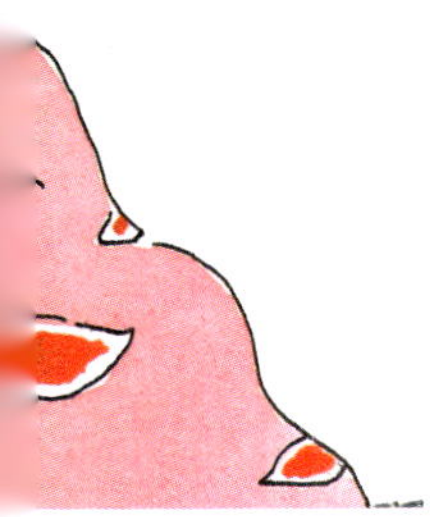

Können Gespenster durchs

»Ja, Gespenster können das, die können überall durch.«

»Nein, nicht wenn abgeschlossen ist und der Schlüssel drinsteckt.«

»Doch, können sie, weil sie sich ganz dünn machen können. Aber in echt gibt es keine Gespenster.«

Schlüsselloch kommen?

»Onkel Hans sagt, in Schottland gibt es Spukschlösser, da rasseln um Mitternacht die Gespenster mit Ketten.«

»Guck doch mal, der Schatten da an der Wand, das sieht doch aus wie ein Gespenst.«

Schattenspiele an der Wand

Man braucht nur eine Lampe und eine Decke. Ein Kind schlüpft unter die Decke, aber so, dass es noch rausgucken kann, das andere hält die Lampe wie auf der Zeichnung.

Warum fallen die Sterne nicht vom Himmel?

»Die Sterne fallen nicht vom Himmel, weil die am Himmel fahren können wie Boote auf dem Wasser.«

»Nein, ich glaub, das ist anders. Die Sterne sind ganz heiß, genau wie die Sonne. Und Feuer will ja immer in die Luft. Je heißer die Sterne sind, desto besser halten sie am Himmel.«

»Die Sterne können gar nicht auf die Erde fallen, weil die Erde auch nur ein Stern ist, und alle Sterne fliegen frei im Weltall herum.«

Mein Sternenhimmel

Du beklebst eine Styroporplatte mit blauem Seidenpapier. Dann piekst du Löcher durch die Platte, sodass ein Sternbild entsteht. Von hinten drückst du dann die Lämpchen einer Lichterkette in die Löcher und befestigst die Platte an der Decke über deinem Bett.

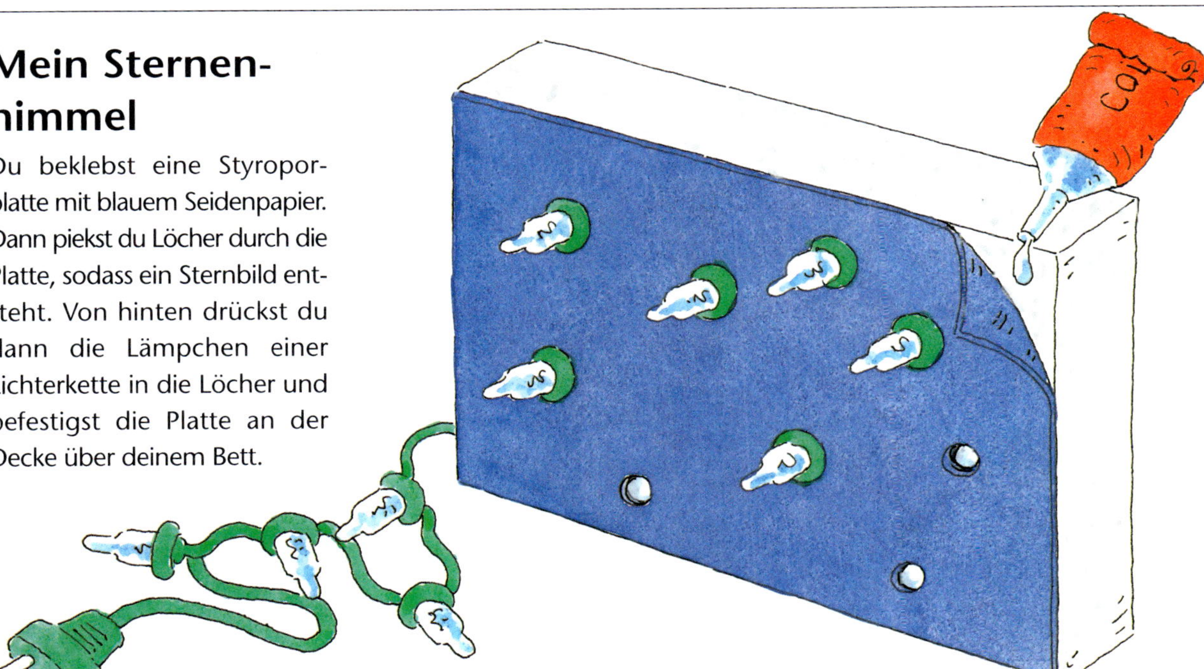

Gibt es Schutzengel wirklich?

»Ich weiß nicht, ob es Schutzengel gibt, ich hab davon noch nie was gehört.«

»Doch, die gibt es, aber die sind unsichtbar, auch in der Nacht.«

»Die passen auf die Menschen auf, damit ihnen nichts passiert.«

»Manchmal schießen sie einen Pfeil mit einem Herz auf die Erde, damit die Liebe kommt und die Menschen sich vertragen.«

Mein Schutzengel ist bei mir

Male ein Bild von deinem Schutzengel, so, wie du ihn dir vorstellst. Vielleicht sind es ja auch mehrere.
Hänge das Bild über deinem Bett auf. Und wenn du nicht einschlafen kannst oder Angst hast, dann denk an deinen Schutzengel.

Kinderfragen – und was Eltern

Die Fragen wissbegieriger Kinder können die klügsten Köpfe in Verlegenheit bringen. Hier einige Zusatzinformationen zu den Themen sowie Hilfen die Sichtweisen kleiner Kinder besser zu verstehen.

Die Oma im Telefon S. 4

Im Telefonhörer werden alle Schallwellen in elektrische Impulse umgewandelt. Die Impulse fließen wie Strom durch Leitungen zum anderen Telefon und werden dort wieder in Schallwellen zurückverwandelt.

Wo wohnt der Wind? S. 6

In der Vorstellungswelt kleiner Kinder sind die Dinge um sie herum, auch die Naturkräfte, noch beseelt. Der Wind etwa kann wie ein Mensch empfinden und aus eigenem Antrieb handeln. Man neigt dazu, diese mythische Weltsicht als naiv abzutun und zu belächeln. Dabei ist sie eine notwendige Ergänzung zu unserem rein rationalen Weltbild. Kindern ermöglicht sie sich wesensverwandt zu fühlen mit der ganzen Welt und dem Kosmos.

Was fühlt eine Blume? S. 8

Niemand kann mit Sicherheit sagen, was eine Pflanze empfindet. Viel spricht aber dafür, dass Pflanzen weitaus sensibler auf Reize ihrer Umgebung reagieren, als man bisher angenommen hat. Es mag zu weit gehen ihnen menschliche Empfindungen zu unterstellen. Für Kinder – und nicht nur für sie – ist eine solche Sichtweise jedoch gewiss die beste Grundlage für einen warmherzigen und respektvollen Umgang mit der Natur.

Können Katzen lachen? S. 10

Genau genommen können Katzen nicht lachen wie Menschen. Aber sie können sich wohl fühlen und das auch zeigen. Meist haben Kinder zu Tieren ein inniges, liebevolles Verhältnis. Dabei nehmen sie ganz selbstverständlich an, dass ihre Lieblinge genauso fühlen und reagieren wie sie selbst. Aber: Was einem Menschen wohl tut, kann einem Tier schaden. Susis Lieblingsspeisen sind vielleicht Gift für ihren Hamster. Es ist gut, wenn Kinder schon früh mit den besonderen Bedürfnissen von Tieren vertraut sind und lernen ihre Eigenheiten zu respektieren.

Rätselhafter Regenbogen S. 12

Zu allen Zeiten hat der Regenbogen die Fantasie der Menschen angeregt und es gibt auch eigentlich keinen Grund Kindern frühzeitig ihre fantasievollen Vorstellungen auszureden. Die korrekte Erklärung des Phänomens ist im Übrigen so kompliziert, dass sie auch von Erwachsenen kaum zu verstehen ist. Nur so viel: Einen Regenbogen kann man nur sehen, wenn man mit dem Rücken zur Sonne steht und sie auf eine Wand aus Regentropfen scheint. Dann erscheinen die Farben (von außen nach innen): rot, orange, gelb, grün, blau, violett.

Wie atmen Fische? S. 14

Fische haben keine Lungen. Sie können aber den im Wasser gelösten Sauerstoff mit ihren Kiemen aufnehmen. An Land müssen sie ersticken. Viele kleine Kinder verbinden »Ertrinken« aber in erster Linie nicht mit Sauerstoffmangel, sondern mit »Wasserschlucken« und »Untergehen«.

beim Antworten hilft

Wespen S. 16

Viele Kinder haben die Angst, dass Wespen sie beißen wollen, und geraten in Panik. Am besten erklärt man ihnen: Wespen gebrauchen ihren Stachel nur in äußerster Not. Schützen kann man sich z. B., wenn man sich ruhig verhält, beim Essen und Trinken von süßen Sachen besonders vorsichtig ist (Limo nie direkt aus Dosen trinken). Es empfiehlt sich eine Zwiebel parat haben: Aufgelegte Zwiebelscheiben lindern den Schmerz und hemmen die Schwellung.

Eier für den Osterhasen S. 18

Es fällt auf, dass viele Kinder gerne an den Osterhasen und den Nikolaus glauben, auch dann noch, wenn sie es längst besser wissen. Eltern dürfen zum eigenen Vergnügen dieses Spiel mitspielen. Jedoch niemals drohen: »Wenn du nicht artig bist, steckt dich der Nikolaus in den Sack.«

Das Küken im Ei S. 20

Viele kleine Kinder haben die Vorstellung, dass ein Küken im Bauch der Henne heranwächst, wie ein Baby im Bauch der Mutter. Dass die Eier erst ausgebrütet werden müssen, begreifen sie leichter, wenn sie mal eine Henne auf ihrem Gelege beobachten konnten.

Der Traum vom Fliegen S. 22

Tatsächlich reicht die Muskelkraft eines Menschen nicht aus um die Schwerkraft zu überwinden – ganz gleich, welche Art Flügel er benutzt. Fliegen kann er nur mithilfe des Windes oder eines Triebwerkes. Trotzdem hat der Traum, sich wie ein Vogel in die Luft schwingen zu können, zu allen Zeiten den menschlichen Erfindungsgeist herausgefordert.

Blitz und Donner S. 24

Was man hört, ist tatsächlich der Blitz. Da, wo er langzischt, dehnt sich schlagartig die Luft aus. Dann prallen die Luftmassen wieder zusammen. Diesen Knall hören wir als Donner. Je weiter das Gewitter weg ist, desto mehr Zeit vergeht nach dem Blitz, bis der Donner bei uns eintrifft.

Schlimme Wörter S. 26

Wenn jemand zu einem Kind »blöder Esel« sagt, wird es das verkraften können. Anders ist es mit wahrhaftig verletzenden Beschimpfungen, die in der Regel aus dem Sexualbereich kommen. Oft wissen die Betroffenen gar nicht, was die Worte bedeuten. Sie spüren nur, dass es etwas Schlimmes sein muss, besonders dann, wenn die Erwachsenen entsetzt, aber wortkarg reagieren. Eltern sollten mit ihren Kindern offen über verletzende Worte sprechen und deutlich machen, dass diese genauso wehtun können wie Schläge.

Jeder ist anders S. 28

Bei vielen Fragen interessiert Kinder weniger, warum etwas so ist, als vielmehr, welchem Zweck es dient. Dass die Menschen verschieden aussehen, hat in ihren Augen nur Vorteile. Einmal macht es sie einzigartig und unverwechselbar. Gleichzeitig gibt es ihnen ein gutes Gefühl, dass sie ihren Eltern ähnlich sehen. Das unterstreicht ihre Zugehörigkeit zu einer bestimmten Familie.

Was hört das Baby im Mutterleib? S. 30

Es gilt als sicher, dass das Ungeborene nicht nur Herztöne und Atmung der Mutter hört, sondern auch die Geräusche der Außenwelt wahrnimmt und sie als angenehm oder unangenehm erlebt. Neugeborene können sogar Musikstücke wieder erkennen, die sie in der Schwangerschaft gehört haben.

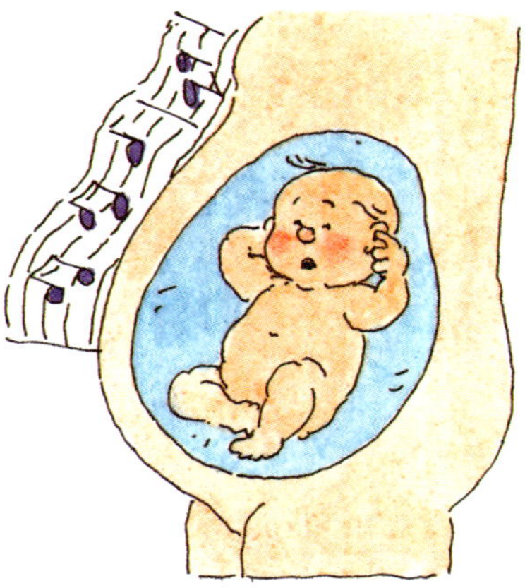

Gespräche über den Tod S. 32

Manche Eltern mag es erschrecken, wenn sich ihre Kinder schon im Vorschulalter mit dem Tod beschäftigen. In der Regel besteht aber keinen Anlass zur Sorge. Mit etwa fünf Jahren wird Kindern bewusst, dass alles Lebendige vergänglich ist, dass Pflanzen, Tiere, geliebte Menschen und schließlich sie selbst einmal sterben werden. Diese Erkenntnis ist nicht leicht zu verkraften und löst Fragen aus. Manche Kinder glauben noch lange, dass der Tod nicht wirklich ist (»Ich glaube, man stirbt gar nicht richtig«). In keinem Fall tut man Kindern einen Gefallen damit, das Thema Tod auszuklammern. Am besten ist es, alle Fragen einfühlsam und offen mit ihnen zu besprechen.

Glückliche Bäume S. 34

Was ist Glück? Unvermeidlich stößt man auf diese Frage, wenn man mit Kindern oder Erwachsenen über das Glücklichsein von Bäumen spekuliert. Und: Kann man nur glücklich sein, wenn man weiß, dass man glücklich ist? Jeder, der mit Kindern darüber ins Gespräch kommt, wird staunen, wie eifrig und mit welchem Engagement sie solchen philosophischen Fragen auf den Grund gehen möchten. Gerade da, wo es keine eindeutigen Antworten gibt, sind solche Gespräche mit Kindern für alle ein großer Gewinn.

Tag und Nacht S. 36

Schon im Vorschulalter können Kinder begreifen, dass Tag und Nacht vom Lauf der Sonne abhängen und dass es woanders Tag wird, wenn es bei uns dämmert. Dabei kann man es auch belassen. Die Erklärung, dass eigentlich die Sonne stillsteht und die Erde sich dreht, verwirrt Kinder eher.

Träume und Albträume S. 38

Die Inhalte ihrer Träume beschäftigen Kinder oft auch noch während des Tages. Manchmal brauchen sie dann jemanden, der ihnen aufmerksam zuhört – ohne zu werten und zu interpretieren. Wenn Kindern für belastende Träume die Worte fehlen, kann man sie auffordern, die bedrohlichen Traumbilder zu malen. Das gibt ihnen die Möglichkeit sie zu verarbeiten und – aufs Papier gebannt – ganz wegzugeben.

Gespenster im Kinderzimmer S. 40

Wenn sich Kinder – besonders abends – vor Gespenstern fürchten, hilft es ihnen nicht zu behaupten, es gäbe keine Gespenster. Man kann ihnen aber helfen einen eigenen Weg zu finden, ihre Ängste zu vertreiben. Z. B. indem das Kind, selbst als Gespenst verkleidet, mit lautem Geschrei die bösen Geister verjagt.

Was hält die Sterne am Himmel? S. 42

Viele Kinder übertragen ihre Erfahrungen mit der Schwerkraft auf den ganzen Kosmos: Nur was schwimmt oder fliegt, fällt nicht herunter. Auf die Fixsterne kann die Erdanziehung aber gar nicht wirken, weil diese zu weit weg sind. Dieses Phänomen kennen Kinder bereits vom Spiel mit Magneten.

Mein Schutzengel S. 44

Die Vorstellung, dass es Schutzengel gibt, hat für Kinder etwas Beruhigendes. In der Nacht behüten sie unseren Schlaf. Am Tag stehen sie uns bei allen Gefahren bei. Bedenklich wird es nur, wenn Kinder sich blind darauf verlassen, dass der Schutzengel sich schon um alles kümmern wird.

Liebe Kinder, hier ist Platz für eure eigenen Fragen, Antworten und Bilder.